AF273746

# AROMATERAPIA DE ACOMPAÑAMIENTO DURANTE EL TRÁNSITO A LA MUERTE

ExLibric

ANA REQUEJO

# AROMATERAPIA DE ACOMPAÑAMIENTO DURANTE EL TRÁNSITO A LA MUERTE

EXLIBRIC
ANTEQUERA 2024

**AROMATERAPIA DE ACOMPAÑAMIENTO DURANTE EL TRÁNSITO A LA MUERTE**
© Ana Requejo
Diseño de portada: Dpto. de Diseño Gráfico Exlibric

Iª edición

© ExLibric, 2024.

Editado por: ExLibric
c/ Cueva de Viera, 2, Local 3
Centro Negocios CADI
29200 Antequera (Málaga)
Teléfono: 952 70 60 04
Fax: 952 84 55 03
Correo electrónico: exlibric@exlibric.com
Internet: www.exlibric.com

Reservados todos los derechos de publicación en cualquier idioma.

Cualquier forma de reproducción, distribución, comunicación pública o transformación de esta obra solo puede ser realizada con la autorización de sus titulares, salvo excepción prevista por la ley. Diríjase a CEDRO (Centro Español de Derechos Reprográficos) si necesita fotocopiar o escanear algún fragmento de esta obra (www.cedro.org).

Según el Código Penal, el contenido está protegido por la ley vigente que establece penas de prisión y/o multas a quienes intencionadamente reprodujeren o plagiaren, en todo o en parte, una obra literaria, artística o científica.

ISBN: 979-13-87528-66-9
Depósito Legal: MA 3062-2024

Impresión: PODiPrint
Impreso en Andalucía – España

Nota de la editorial: ExLibric pertenece a Innovación y Cualificación S. L.

ANA REQUEJO

# AROMATERAPIA DE ACOMPAÑAMIENTO DURANTE EL TRÁNSITO A LA MUERTE

*El planteamiento de esta etapa de la vida*
*apareció para mí con la muerte de mi querido papá.*
*Fue, como para todo ser humano sensible*
*sobre esta tierra, un momento extraño, complicado*
*y difícil de sobrellevar, tanto por él mismo*
*como por sus seres queridos, familia y amigos.*
*Por este motivo, me zambullí de lleno en el estudio*
*de la faceta más espiritual de la aromaterapia aplicada*
*a la muerte y el tránsito al otro plano.*

*Te lo dedico a ti, papi,*
*por abrirme tantas puertas como pudiste en vida*
*y abrirme esta, tan insospechada para mí,*
*en tu muerte física.*
*Nos vemos en el otro plano,*
*esperando volver a darte un abrazo*
*y escucharte cantar de nuevo.*

*Que sea yo un protector para los desprotegidos,*
*un guía para los que viajan,*
*una barca, un puente, un vado*
*para los que desean la otra orilla.*

*Que el dolor de cada ser vivo se elimine por completo.*
*Que sea yo el médico y el remedio,*
*y sea yo el enfermero*
*de todos los seres enfermos del mundo*
*hasta que estén todos curados.*

*Que a semejanza del espacio*
*y de los grandes elementos como la tierra,*
*pueda yo siempre sustentar la vida*
*de los seres ilimitados.*

*Y que hasta que estén libres del dolor,*
*sea yo también fuente de vida*
*para todos los reinos de seres diversos*
*que se extienden hasta los confines del espacio.*

SHANTIDEVA

# Índice

# Prólogo

*Somos una envoltura pasajera*
*que rodea y guarda un yo inmortal.*

Comenzar estableciendo esta premisa nos da la dirección de nuestra vida terrenal y la razón de Ser de nuestra alma eterna. El espíritu que Emilio Carrillo llama Conductor y Elisabeth Kübler-Ross, Mariposa, yo he optado, por mi conexión con los aromas, por llamarlo ESENCIA.

Y nuestra ESENCIA es nuestro DON SINGULAR.

Como Esencia pura, no precisamos de tiempo, ni espacio para movernos. Somos energía que, más allá de la vida terrestre, se une al resto de millones de infinitas esencias que habitan en la Luz que encontramos al final del Tránsito, al final del Túnel, donde nos elevamos a un nivel lumínico como Espíritu/Esencia/Mariposa. Como tal, tenemos la capacidad de ir «donde» queramos, siempre acompañados por esas Esencias que fueron, en vida, nuestros seres queridos y amados.

Para poder acceder a la escucha interna de nuestra Esencia, Consciencia o Espíritu necesitamos dejar a un lado la Mente, escuchar más a nuestro corazón y lo que él nos dice desde la libertad que tiene, al no ser esclavo de la Mente y sus eternas diatribas y razonamientos sin fin. Esa Mente que le da siempre el poder al Ego, el «amigo de la preocupación».

Todo lo que aquí leerás solo pretende apoyarte en comprender mejor que la vida sigue adelante sin tu Mente, reuniéndote más allá del tránsito con todas las almas que en la vida terrenal te han acompañado, para decidir bajo libre albedrío regresar en otra encarnación o dar por finalizada la tarea que, como Esencia, te tenías tú mismo encomendada. Y para ello te mostraré un tesoro aromático que puede, si así quieres, acompañarte o acompañar a tus seres queridos en el proceso del tránsito a la otra vida.

*Vivamos del mismo modo que morimos,*
*sin remordimiento.*
*La libertad respecto al apego*
*es libertad respecto a la muerte.*
*La libertad respecto al apego*
*es libertad respecto a la rueda de nacimiento y muerte.*
*La libertad respecto al apego*
*te permite entrar en la Luz Universal*
*y hacerte uno con ella.*

OSHO

# Parte I

# LA MUERTE FÍSICA

### ¿Qué es la muerte física? Diferentes puntos de vista

Según el budismo, la muerte es el **inicio de otro capítulo** de la vida y un espejo en el que se refleja todo su sentido. Elisabeth Kübler-Ross lo considera un paso más hacia la forma de **vida en otra frecuencia**, un radiante comienzo, un nacimiento a otra existencia donde te mudas a una casa más bella.

Deepak Chopra afirma que es un salto cuántico de la creatividad del ser.

La doctora María Isabel Heraso desarrolla en su libro *Viajeros en tránsito* que la muerte es el resultado final de la **transformación de nuestra envoltura**.

Para Leonor Mota es una **Medicina del Alma** para sanar y calmar nuestra mente.

Osho la ve como una **Separación**; una interrupción de la conexión entre cuerpo y conciencia

Y Emilio Carrillo, en su obra *El tránsito,* llega a la conclusión de que la muerte es un imposible, un fantasma de la imaginación humana, una **puerta que se abre** para pasar de una habitación a otra dentro de la propia vida.

Lo que es evidente es que, en resumen, todos están de acuerdo en que se trata de un antes y un después para todos nosotros, sin excepción. Para mí es como un suspiro en nuestro desarrollo álmico, pero un suspiro de gran importancia, pues la facilidad en el camino hacia ese momento será más llevadero o más complicado, dependiendo de nuestra preparación ante la muerte.

### Tránsito a la Muerte, ¿qué es en realidad?

Un Estado de Conciencia inusitado para el que no estamos preparados a experimentarlo con total consciencia en vida. Según otros autores, es un momento en el cual se siente un desdoblamiento del cuerpo con una visión de luz brillante, comúnmente blanca, que acompaña al sujeto en una etapa de traspaso, de un estado vibratorio más denso, el inmediatamente posterior al óbito, a otro más ligero. Este proceso es, a fin de cuentas, un cambio de ubicación por parte del alma entre el plano físico y el plano lumínico.

Para poder percibir este proceso con toda presencia y consciencia hemos de asumir varios hechos:
- Darnos cuenta de que hemos muerto físicamente.
- Aceptar que la muerte nos ha llegado.
- Romper lazos con el plano físico si deseamos avanzar.

Según el bardo doloroso del morir (tibetano), el Tránsito transcurre desde el momento de contraer enfermedad terminal hasta que cesa la respiración interna. Cuando esto acontece, se produce **una expansión de la conciencia** que podemos aprovechar para, finalmente, alcanzar el plano espiritual que deseamos y que va acorde, vibracionalmente, con el estado final de nuestra conciencia en vida.

Esto nos advierte también que si deseamos un camino agradable y un Tránsito sin obstáculos, nos conviene ser cada vez más conscientes y responsables de nuestro proceder durante nuestras vidas, pues llevaremos con nosotros una mochila emocional y karmática que nos abrirá esta puerta de un modo más o menos benigno. Solo nosotros mismos nos juzgaremos en ese momento y, según los tibetanos, sentiremos tanto lo bueno como lo malo vivido y provocado a los demás.

El Tránsito puede comenzar mucho antes de que el cuerpo físico muera, es decir, de que las constantes vitales cesen. Este tiempo depende tanto más de la conciencia de la persona que del deterioro físico *per se*. Puede suceder en la última semana antes del óbito.

### ESTADOS EMOCIONALES DURANTE EL TRÁNSITO

Durante este largo o corto proceso —depende de cada persona—, el ser humano experimenta emociones encontradas con las que puede ser muy difícil lidiar. Es aquí donde el acompañamiento de nuestros seres amados y de la aromaterapia nos ayudará a sobrellevar los diferentes estados emocionales que se suelen vivir:
- Culpa
- Arrepentimiento
- Angustia
- Ansiedad
- Frustración
- Soledad

– Miedo
– Pánico

Cómo saber cuál es la emoción que la persona en Tránsito está experimentando y en qué orden y tiempos utilizar los aceites esenciales, forma parte de la experiencia y comentarios recibidos a lo largo del tiempo y de la observación de los distintos estados físicos de la persona, en el momento de la muerte.

Pero antes voy a recopilar lo que otros autores han relatado en sus obras sobre la Experiencia Cercana a la Muerte, que nos dará pistas muy reveladoras para elegir los aceites esenciales más adecuados.

REVELACIONES AL VER LA MUERTE FÍSICA MÁS CERCA Y REGRESAR. EXPERIENCIA CERCANA A LA MUERTE (ECM)

Hemos llegado a la conclusión de que la muerte física es el resultado final de la transformación y declive de nuestro cuerpo material, el envoltorio que nos otorga la presencia terrenal que nuestro Ego manipula a lo largo de nuestra vida. Este cuerpo ha superado en el plano físico una serie de aprendizajes que suman experiencias a su biblioteca particular (su *Akhasa).*

Durante el Tránsito se experimentan una serie de cambios:
– Saber íntimamente que vamos a morir.
– Zumbido de oídos.
– Sensación de desencarnación (desdoblamiento). Salirse del cuerpo.

- Observar con calma lo que le rodea con un sentimiento de paz y amor indescriptible. La liviandad domina el «cuerpo».
- Avanzar a través de un túnel o pasillo con una luz brillante —blanca— al final.
- Revisar toda nuestra vida física en un instante, como fotogramas de una película a toda velocidad.
- Percibir o no otras presencias familiares esperando el final de ese túnel.
- Reconocer a un ser más luminoso y amoroso que está esperando para acompañarnos en el camino y que inspira un Amor indescriptible.
- Momento decisivo: avanzar o retroceder.

Y, a partir de este momento, si se da la oportunidad de volver, lo que se experimente sería parecido a todo esto:
- Sentirnos tan confortables, sin las limitaciones y los achaques del cuerpo que hemos dejado, que no deseamos volver.
- Si regresamos, lo hacemos con un concepto distinto sobre la vida y la muerte para afrontarlo mucho más enteros.
- Vivir a partir de entonces de un modo mucho más consciente. Con valores espirituales y con un nivel de tolerancia hacia los demás, aumentando.
- Tener una fe inamovible en la creencia de la existencia de una dimensión espiritual y un sentido sagrado de la vida.
- Los bienes materiales y la posesión ya no nos interesan tanto, pasan a un segundo plano.
- Dejamos de temer la muerte, pues hemos visto lo que hay detrás. O, al menos, lo hemos intuido.

— Posibilidad de un auténtico despertar a partir de entonces. Recordar quiénes somos en realidad antes de encarnar.
— Mayor interés en ayudar a los demás, más empatía.
— Nos damos cuenta, de un modo preclaro, de la importancia del Amor para que nuestro próximo Tránsito sea exitoso.
— Mayor disposición en creer en la vida tras la muerte.

*Todo el dolor, el sufrimiento y las dificultades de esta vida*
*son, en realidad, oportunidades que se nos presentan*
*para conducirnos gradualmente*
*a una aceptación emocional de la muerte.*
*Solo nuestra creencia en la permanencia de las cosas*
*nos impide aprender del cambio.*
SOGYAL RIMPOCHÉ

¿QUÉ ESPERAR FÍSICA Y EMOCIONALMENTE CUANDO SE AGUARDA EL ÓBITO?

La observación es la clave para acertar con el acompañamiento coordinado. Si detectamos cada una de estas etapas, que cada Ser Humano demuestra de un modo bastante claro en sus últimos días, semanas o incluso meses, podremos colegir que ha llegado el momento de actuar.

Quienes acompañamos hemos de ser plenamente conscientes de que el cerebro de nuestro Ser amado va apagándose poco a poco, dando lugar a una liberación conciencial posterior. Su percepción del tiempo y el espacio se confunden. Los estudios realizados con neuroimagen (Bruce Grayson)[1] muestran una disminución de la actividad cerebral y una menor conexión entre las diferentes partes del cerebro. Aun así, hay estudios de 2022[2] que revelan una fuerte modulación de la potencia gamma amplia, lo que se traduce en una mayor actividad de los procesos cognitivos y de la memoria, los famosos recuerdos que, se dice, acontecen en el momento de morir.

A nivel físico comenzamos a ver estas etapas:

**1. Comer y beber menos**. El metabolismo se ralentiza.

**2. Retraimiento social**. Ya no hay interés por hablar, interactuar, conversar con las personas que nos rodean. Las conversaciones de antaño ya no nos son afines. La persona va hacia adentro. No muestra interés en hablar con su familia y amigos.

**3. Activación del hipocampo ventral y corteza prefrontal** con memorias episódicas muy vívidas (infancia y juventud) que pueden hacer que la persona nos cuente, en los últimos días de su vida, episodios de su caminar vital de un modo tan claro como si lo estuviera experimentando en ese instante y que en la medicina alopática tildan de «delirios».

En este punto, podríamos «empujar» emocionalmente con la difusión del aceite esencial de ravintsara *(Cinnamomun camphora)*. Este **liberador de la expresividad verbal** actúa como un imán

[1]    Después de la muerte, Bruce Greyson.

[2]    Enhanced Interplay of Neuronal Coherence and Coupling in the Dying Human Brain (Interacción mejorada de la coherencia neuronal y el acoplamiento en el cerebro humano moribundo)
https://www.frontiersin.org/journals/aging-neuroscience/articles/10.3389/fnagi.2022.813531/full

entre las personas presentes. No solo actuará incrementando la actividad del córtex prefontral, sino que ayudará a que entre los involucrados en esa etapa, haya un intercambio de emociones capaz de redimir todo aquello que fue enterrado y no abordado en su momento. Por tanto, vemos que empujará el desarrollo de los puntos 2 y 3. Además, será un claro aliado en la siguiente etapa.

**4. Respiración entrecortada o fallo de respiración** por más de un minuto, acompañado de mucosidad. En la medicina alopática se suelen rebajar los estertores con opioides. Este protocolo médico se lleva a cabo más por la familia que le acompaña que por la persona que agoniza.

Si preferimos servirnos de la Aromaterapia para aliviarle la respiración, podríamos utilizar en difusión durante 20 minutos, de dos a tres veces a lo largo del día, alguno de los aceites esenciales mucolíticos y descongestivos más conocidos, como:

- Eucalipto blanco *(Eucalyptus globulus)*
- Ravintsara *(Cinamomum camphora)*
- Mirto *(Myrtus communis)*
- Incienso *(Boswellia carterii)*
- Lavanda *(Lavandula angustifolia)*

De paso, cada uno de estos aceites esenciales ayudarían a los acompañantes en el durísimo proceso de observar y experimentar la muerte de su ser querido. Cada uno desde un ángulo diferente como detallo en mi curso *Aromaterapia Emocional con base y apoyo en la Neurociencia*[3].

---

[3]  Curso *Aromaterapia Emocional* (www.anarequejoaromaterapia.com)

**5. Subida de temperatura**. Muy habitual horas antes del óbito. La fiebre se suele controlar con cetaminofén (como Tylenol), ibuprofeno (como Advil), naproxeno (como Aleve) o aspirina.

Nosotros podemos utilizar en caso de fiebre —si lo consideramos imprescindible, llegados a este punto ya no importaría mucho, pero sí aliviaría el sufrimiento pasivo del acompañante—:

- Menta *(Menta piperitta):* aplicable en la nuca, en la cara interna de los codos y las rodillas. Este aceite esencial no se recomienda usar nunca puro sobre la piel ni cerca de los ojos u otras mucosas, debido a su alto porcentaje en mentol, por lo que podemos diluirlo en aceite oleomacerado de Caléndula en una dilución alta. Dadas las circunstancias, no supone ya un riesgo para la salud del sujeto. Podríamos verter 10 gotas en 30 ml de este oleomacerado y aplicarlo en las zonas ya mencionadas.
- Eucalipto blanco *(Eucalyptus globulus):* diluido.
- Tomillo qt. timol *(Thymus vulgaris qt. timol):* diluido.
- Ravintsara *(Cinamomum camphora):* podría aplicarse puro.

**6. Somnolencia excesiva e incluso coma**, lo que supone un cuidado mayor de su cuerpo físico por parte de los cuidadores para evitar más dolor con la aparición de úlceras de cúbito, sobre todo si el desenlace final tarda en producirse. Aceites esenciales cicatrizantes y regenerativos, circulatorios y antálgicos diluidos en aceite oleomacerado de Caléndula y aceite vegetal de Argán serían de gran ayuda:

- Siempreviva *(Helycrisum italicum)*
- Ciprés *(Cupressus sempervirens)*
- Manuka *(Leptospermum scoparium)*

- Niaulí *(Melaleuca quinquernevia qt. cineol)*
- Mejorana dulce *(Origanum mejorana)*

7. Los **riñones dejan de funcionar** correctamente y la orina se va oscureciendo y reduciendo el flujo y la cantidad.

8. Se dan **problemas visuales**: falta de enfoque.

9. **Aumentan las alucinaciones**. En estos casos, se recomienda hablar con la persona sin enfrentarla al hecho de que ve algo que no está ahí, pues sufre mucho con la negativa e incluso se acrecienta su desasosiego.

Recomiendo el uso de un aroma fresco y ligero que atenúe la frustración como la hierbabuena *(Mentha spicata),* el cual equilibrará la actividad entre ambos hemisferios y, por tanto, entre la vertiente emocional y racional, además de confort emocional tan necesario en tan críticos momentos.

El método de empleo más apropiado, si está permitido en el lugar de reposo del sujeto, sería la difusión en un difusor ultrasónico, a razón de 8 a 10 gotas, durante media hora, tres veces al día hasta que comprobemos que hay menor agitación y más reposo en el afectado.

La fórmula que usemos ha de ser apta para los acompañantes y debemos evitar el uso de ciertos aceites esenciales como eucaliptos, ravintsara o romero, si entre los presentes hay dificultades respiratorias crónicas o agudas como asma, fibrosis quística u otra patología que implique disminución de la capacidad pulmonar. Todo esto lo desarrollo con más detalle en la segunda parte de este libro.

# Parte II
# VÍAS DE USO
# DE LA AROMATERAPIA

La experiencia propia me ha demostrado que el uso de la Aromaterapia a nivel tópico y olfativo actúa como un bálsamo y un adecuamiento más confortable, teniendo en consideración las señales que nos muestra la persona en su proceso de morir.

### VÍA OLFATIVA Y TÓPICA

En momentos tan vulnerables a nivel emocional y espiritual, el paso de los minutos y las horas trae sus cambios a todos los niveles: físico, anímico y espiritual. Considero, por tanto, que las vías de uso más adecuadas serían la tópica y la olfativa, en combinación:

**a) Vía tópica.** Diluyendo los aceites esenciales en aceite vegetal para evitar cualquier reacción adversa o agresiva sobre una piel que ya no cuenta con el manto protector adecuado.

**b) Vía olfativa.** Utilizando para ello la inhalación a través de un *stick* inhalador y, si el lugar y las circunstancias lo admiten, el difusor en seco durante no más de 20 minutos; si no se pudiera, un difusor ultrasónico (con agua) hasta unos 45/60 minutos.

En este último caso, si la persona está pasando sus últimos momentos en un hospital, debemos solicitar el permiso de los facultativos a cargo, siempre y cuando dispongamos de una habitación de uso individual para nuestro ser querido. Y tener siempre en cuenta el estado de salud respiratorio, sobre todo de los acompañantes. Comprobar que entre los presentes no hay disfunciones del aparato respiratorio o del sistema nervioso central, tales como asma, EPOC, fibrosis quística, TDHA, paranoia, esquizofrenia o trastorno obsesivo compulsivo. En caso de que se dé alguno de estos problemas, priorizar el uso de un *stick* inhalador, que es más personal, y eliminar el uso del difusor.

Dependiendo del estado de consciencia de la persona a punto de morir, se escogerán unos u otros aceites esenciales, pero las vías de uso serán siempre una de estas dos o las dos al mismo tiempo. La elección depende del acompañante. Un consejo que siempre doy, pues en estos casos la confusión impera en las emociones: déjate guiar por tu corazón.

La situación de sufrimiento físico y mental como la angustia y la frustración, así como la dependencia de los familiares y cuidadores son razones más que suficientes para servirnos del contacto aromático.

Una forma de **despertar la percepción-conciencia**, ya que cuando tocamos a una persona, transformamos el contacto en una experiencia vital y es esta característica la que nuestro ser querido no desea perder aún. Tocar a una persona en sus últimos momentos de vida es el método más gentil y amoroso para traer, desde la memoria episódica, el primer contacto con la madre, siendo un recién nacido y ayudarle a sentir la **seguridad** y el **confort** que nos invadía en esos primero momentos. Así, transformamos su despedida en un proceso amoroso y confortable, a la par que seguro y promovemos un espacio de bienestar psicofísico.

Manipulaciones más adecuadas en el masaje durante el proceso

Iniciamos el masaje en las cervicales por ser la zona que mayor tensión y carga emocional suele sufrir. Llegaremos hasta los pies, aquellos que dirigen nuestro movimiento hacia adelante y que aportan estabilidad en el proceso, aplicando estas sencillas manipulaciones:

a) *Effleurage* o **roce con las yemas de los dedos**. Un movimiento que no incide en el panículo adiposo ni muscular y que resultará antálgico y sedante. Mediante esta manipulación se activará la sensibilidad a nivel superficial y la sensación de acompañamiento.

Podemos servirnos de aceites esenciales diluidos en aceite vegetal como lavanda *(Lavandula angustifolia)*, mejorana *(Origanum mejorana)* y mandarina *(Citrus reticulata)*.

Los aceites vegetales más adecuados por su ligereza, suavidad y fácil penetración en pieles delicadas o rotas pueden ser: macadamia *(Macadamia intergrifolia)*, de alto contenido en ácido palmitoleico y gran protector celular, nutritivo y antimicrobiano que favorece la microcirculación local y tonifica el sistema linfático, y pepita de uva *(Vitis vinifera),* que aporta gran elasticidad a la piel gracias al colágeno y el resveratrol (fenol natural) que contiene[4].

b) ***Holding*** o **contención**, situando toda la palma de las manos en una zona y «sosteniendo/conteniendo» durante un par de minutos. Este movimiento buscará un contacto más prolongado y la sensación de «sujeción», aportando seguridad, además de calor humano.

c) **Balanceo en las articulaciones**. Sujetando las mismas y ejerciendo una suave presión, balancear suavemente de un lado a otro. Así, conseguimos relajar la rigidez articular que se da en estos casos y una movilización de energía estancada.

CONTRAINDICACIONES EN EL USO DE LA AROMATERAPIA

- Confusión manifiesta.
- Psicosis diagnosticada.
- Dolor agudo fuerte (aplicación vía tópica).
- Problemas emocionales severos.
- Disfunciones psiquiátricas.
- Delirios, alucinaciones.

Llegado el momento de escoger la aromaterapia más adecuada a la situación, quizás podemos preguntarnos qué supone «espiritualmente» el final de la vida en nuestro recipiente físico y los cuidados paliativos a estas personas en su recta terrenal final. ¿Quizás una inspiración que las lleva a lo más profundo de su alma y les da respuestas para aportar un significado a su

---

[4]  Aceites esencial en sinergia, Ana Requejo.

existencia? ¿Quizás un proceso evolutivo personal que nos pone en contacto con nuestros ancestros? ¿O quizás alcanzar un total equilibrio entre lo que sentimos (emociones), lo que vivimos (socialmente) y lo que somos como individuos (físicamente) en un mundo terrenal? ¿Un equilibrio para alcanzar nuestro nirvana al otro lado y, al repasar nuestra experiencia encarnada, constatar que hemos superado los «retos» que como Ser lumínico somos?

Desde mi punto de vista, estamos en proceso de cambiar muchos preceptos, ideas y máximas inculcados a través de los siglos. Mirar a la «muerte» no es admitirla como al fracaso del hombre sobre las fuerzas de la naturaleza, como nos explica Alejandro Rocamora, psiquiatra y miembro fundador del Teléfono de la Esperanza, sino experimentar la disolución del Ego, el cual nos ha puesto a prueba a lo largo de la vida terrenal para aprender a comprender a nuestro Espíritu.

Matt Khan nos dice en su obra *Ama todo lo que surja* que el Ego es la «identidad imaginaria de un sistema sobreestimulada» y que la conciencia se ve limitada por la sobreestimulación convertida en patrones de conducta. Para poder revertirlo, y dado que es el sistema nervioso el que responde a los estímulos, hemos de lograr su relajación para permitir una expansión de la conciencia y, con ello, una vivencia mayor y más transcendental que nos revele quiénes somos. Así, alcanzaremos un «despertar» gradual y armónico, sin prisas o ansiedad por lograrlo. Es aquí donde podemos aplicar muchas de las terapias alternativas existentes en el mundo, desde el *mindfullness,* pasando por el yoga, la meditación, las flores de Bach, la aromaterapia, etc.

Y es este uno de los motivos de desarrollar esta visión aromática que nos presente la Muerte como un brillante amanecer, dejando a un lado el materialismo que muestra al hombre en su vida y a su muerte, como la extinción total de su cuerpo y de su alma.

Se recomienda utilizar cada uno de los siguientes aceites esenciales por separado, impregnando un inhalador personal con, al menos, 8 gotas (no más de 12), y situarlo bajo cada narina de la persona a punto de realizar el traspaso de la vida física a la muerte física.

En caso de sugerir otro aceite esencial afín, se puede optar por mezclarlo con uno o con varios de los sugeridos, realizando la mezcla previamente en un frasco topacio con obturador y dejándolo macerar al menos un par de horas, para permitir una reestructuración molecular de las moléculas aromáticas.

Sugerencias para el entorno

- Luz tenue. Si se cuenta con lámparas de sal, encender alguna durante unas horas.
- No mezclar la aromaterapia en difusión —si se usase— con velas aromáticas u otros elementos de «difusión» comerciales.
- Música instrumental, sin letra.
- Si el receptor gustaba de ello, recitar un mantra u oración (ver anexos I, II y III).
- Calentar las manos antes de realizar cualquiera de las manipulaciones de masaje indicadas.

- Mantener tapadas las zonas del cuerpo que no están siendo tratadas. Escoger ropa (manta o colcha) que no pese.
- Acomodar el cuello del receptor sobre un cojín o almohada.
- Evitar que los acompañantes lloren cerca de quien se está yendo. Esta sugerencia evitará mantenerlo apegado a lo terrenal y a las responsabilidades que ha adquirido durante toda su vida. Más de una vez se ha descrito, por personas que han vivido una experiencia cercana a la muerte (ECM), cómo han escuchado lo que en la habitación decían quienes los acompañaban. Por ello, hemos de ser cuidadosos en aquello que decimos, para no agravar el desasosiego que pudiera sentir e incluso para evitar que alguno de los episodios escuchados le «obligue» a alargar un tiempo más el proceso porque se siente responsable de algo o alguien y siente que no lo debe abandonar aún.
- Procurarle la presencia de vistas hermosas (por ejemplo, naturaleza) mientras aún mantiene cierta consciencia; flores, sus favoritas si se diese el caso de saber cuáles son; fotografías o cuadros que representen la naturaleza viva, etc.
- Rezar una oración o mantra de su gusto como, por ejemplo, el Mantra de la Compasión, *Om mani padme hum,* el Mantra de la Purificación, *Oh Ah Hum,* el Mantra tibetano del Buda de la Luz Infinita, *Om Ami Dewa Hri,* o una oración como la que aparece en el Anexo I solicitando ayuda a los arcángeles Gabriel y Miguel para un buen Tránsito.

Y, por último, pero no menos importante, darle nuestra bendición y permiso para irse en Paz.

# Parte III

# AROMATERAPIA
# PARA EL ACOMPAÑAMIENTO

Soy bien consciente, porque lo he vivido, que reconocer las diversas etapas del Tránsito es, quizás, extraño y en primera instancia puede parecer difícil. Sobre todo, si nunca en nuestras vidas hemos sido guiados por el proceso de la muerte ajena. Es esta una asignatura pendiente en nuestra sociedad, pues no solo no sabemos morir, sino que tampoco le damos sus tiempos a nacer. La sociedad, nosotros mismos, nos hemos impuesto unas normas sociales absurdas que dejan de lado a la persona para dar paso a las apariencias. No solo invadimos el espacio natal nada más que una mujer da a luz a su hijo, sino que no permitimos que la premuerte, la muerte y el luto sigan su proceso natural.

He querido, por tanto, dar una arquitectura «elemental» a este proceso y acompañarme para ello de las enseñanzas de Sogyal Rimponché en su maravillosa y reveladora obra *El libro tibetano de la vida y la muerte*. Él nos explica como en el bardo —proceso— de morir se dan dos etapas simultáneas:

a) Disolución externa de los sentidos y elementos.
b) Disolución interna de los pensamientos, emociones, bastos y sutiles.

## DISOLUCIÓN EXTERNA

Los cinco elementos de la etapa externa, es decir, tierra, agua, fuego, aire y éter, conforman nuestra vida. Son los cimientos de nuestro cuerpo y, cuando ellos se disuelven, morimos. Los elementos externos inciden en los internos, los modifican.

Según vivimos, así pensamos y materializamos. Esto es lo que conforma el elemento tierra. En el proceso de desarrollo vital, nos adaptamos y transcurrimos a lo largo de las circunstancias de la vida con la ayuda del elemento agua. Percibimos lo que nos rodea con el elemento fuego y nos movemos gracias al elemento aire, que fluye en la inmensidad del elemento éter.

Apoyada en todo esto, he elaborado un **procedimiento aromático** que pretender apoyar a esa alma que se va, la disolución de cada uno de estos elementos por etapas. Podemos, por tanto, usar cada aceite esencial en cada uno de estos estados o realizar mezclas afines.

Comencemos nuestro viaje aromático hacia nuestra casa primaria.

### Elemento tierra

*Se pierde la forma. La fuerza se difumina.*
*La mente está agitada y delira.*

Ha llegado el momento en el cual nuestro cuerpo ya no responde. Sin ayuda, no podemos levantarnos. Nuestras manos, directoras y controladoras de nuestro entorno más cercano durante toda nuestra vida, ya no responden y son incapaces de sujetar nada, ni tan siquiera la mano de nuestro acompañante. Descansan inertes. Un pozo muy profundo nos arrastra poco a poco al fondo. El color del rostro desaparece y las mejillas se hunden. La mente delira (se retrotrae al pasado) en un momento y al siguiente se adormece.

Lo ideal en este momento es tratar de ser conscientes de que nuestro cuerpo está muriendo y dar alas a nuestra alma. ¿Cómo lo hacemos con la ayuda de la Aromaterapia? Soltando lo que nos sujeta a nuestro cuerpo, a los cimientos y ancla, liberando el chakra raíz y su fuerte instinto de supervivencia.

Antes de llegar a este punto, durante toda nuestra vida, etapa del Bardo Natural, según los tibetanos, nos ayudaría muchísimo ser más conscientes del estado de nuestra mente ordinaria, que es la base de nuestro Karma. Si lográsemos transcender la etapa del Samsara (ilusión), es decir, superar la acumulación de emociones negativas y hábitos que como un ciclo perpetúan nuestro sufrimiento, alcanzaríamos el nirvana (iluminación) y en este estado enfrenaríamos el Bardo del Morir —donde comenzamos el tránsito— con una purificación mental más que apta para un buen morir y un más óptimo subsiguiente Bardo de Dharmata (resplandor).

Podemos ayudarnos en este caso de dos aceites esenciales maravillosos que limpiarán y purificarán, elevando nuestra vibración, o seguir el protocolo completo que figura en la parte IV de este libro, **sinergia de purificación previa para la meditación**:

- A. E. de Salvia Romana *(Salvia sclarea):* liberación del miedo a lo intangible y elevación de nuestro entendimiento inconsciente. Una mayor apertura de nuestro tercer ojo.
- A. E. de Enebro *(Juniperus communis):* disipar la negatividad, la acumulación de energía densa y hallar el punto perfecto de aceptación de nuestro Yo.

Si se siente una gran desfragmentación mental y apatía anímica, cargamos más en el A. E. de Enebro. Si, por el contrario, nuestro estado anímico está peor que el torbellino mental, aumentamos las gotas de Salvia romana y disminuimos las del Enebro. Puedes difundir esta fórmula todos los días, así como crear un *spray* con base de Hidrolato de Salvia para vaporizar sobre tu cabeza cada vez que notes carga mental o apatía. En caso de que no hayas concebido este ritual durante tu bardo natural y seas el acompañante de un amigo o familiar en Tránsito, puedes hacer lo mismo antes de trabajar con el aceite esencial que he escogido para esta etapa.

**A. E. de Gálbano** *(Ferula galbaniflua gum)*
Chakra Corona/Raíz

**Nivel espiritual**: liberación de las cargas terrenales, culpa y vergüenza por no haber cumplido con todo lo que durante nuestra vida creemos debemos hacer —por imposición social—.
**Metamedicina: Culpa/Vergüenza.** Llegado el momento, nos vemos ante la posibilidad de liberarnos de todo aquello que nos «esclavizaba» en la vida terrena y que nos provoca un sentimiento contrapuesto, ya que aún nos domina la mente y las absurdas «responsabilidades» adultas.

Cuando el sentir es que si me libero, soy más feliz, pero no puedo serlo, ya que dejo a toda mi familia atrás, sin mi protección, aparece la culpabilidad por hacer sufrir a los demás. De nuevo, la mente, el Ego no nos deja soltar amarras. Cuando todo este proceso se instala en nosotros, no podemos casi comunicarnos, pero sí vivir en la culpa por no haber terminado muchas cosas que nuestra mente aún pugna por dirimir.

Este aceite esencial procede de la destilación de su resina, utilizada en el antiguo Egipto para el embalsamamiento y la cosmética y se dirigía principalmente al tratamiento de traumas por estrés en la piel, así como para reducir la inquietud, transformando la situación en un mar de calma y los pensamientos en una consecución estable y enfocada a la positividad.

En el momento de la muerte, aparte del miedo y la angustia que nos puedan dominar, existe un desasosegante sentimiento de **sobresaturación mental** ante todo aquello que no hemos podido «arreglar» y que ahora ya no tiene «remedio». Este sentimiento nos puede desviar del que debería ser nuestro principal objetivo: seguir el camino de la Luz. Por este motivo, este aceite esencial actúa **limpiando** al máximo todos estos pensamientos y **aligerando nuestra carga mental** para alcanzar un estado de Paz Mental necesario para empezar a centrar toda nuestra atención en lo que viene.

Lograr una total apertura del **chakra raíz** el cual nos ha mostrado el mundo tangible y material y dejar atrás el arquetipo de la Víctima que ha dejado siempre la toma de decisiones en almas ajenas. Con la ayuda de este aceite esencial, se toma la elección de continuar adelante, asumiendo que este paso es la oportunidad para aprender algo más que sumará a nuestro bagaje álmico. El sufrimiento ya no es válido. Nos entregamos a nosotros mismos lo que en ese momento necesitamos: una conexión con el todo, una amplificación de energía que dejará atrás nuestra parte egoica para asumir que la vida física y material ya no es necesaria para lograr la paz interior. Y para conseguir todo esto el gálbano es nuestro maestro, puesto que a través de la **desinflamación etérica del chakra corona** (donde también actúa el gálbano a nivel espiritual), se apoya la cicatrización de la herida que se ha generado en el alma por lo inesperado de la muerte.

En caso de que acaezca una **muerte repentina** e inesperada (accidente, asesinato, suicidio), actuará como cicatrizante del trauma en el alma. Sería muy de agradecer en este caso elaborar la sinergia de purificación (ver en parte IV) y la meditación que le acompaña *(Phowa),* para así actuar como un maestro de ceremonias que «presente» esa alma ante su camino hacia el otro lado.

### Formulación con aceites esenciales afines

En ese apartado, tal como hago en mi escuela *online* de Aromaterapia (www.anarequejoaromaterapia.com) pretendo sugerir un acompañamiento posible a los aceites esenciales sugeridos en cada una de las etapas del Tránsito, aportar otras ideas que se han de personalizar y adecuar a la persona y sus circunstancias.

— A. E. de Niauli *(Melaleuca quinquenervia):* liberación emocional del **agobio** que sentimos al habernos comportado toda la vida bajo un mismo rol.

- A. E. de Manzanilla Romana *(Chamaemelum nobile L.):* un apropiado **relajante del sistema nervioso** y, más concretamente, de nuestro cerebro reptiliano que responde de modo atávico al miedo.
- Cedro de Atlas (Cedrus atlántica): un eliminador de obstáculos que el miedo nos obliga a ver, logrando llevar nuestro estado anímico a un sentimiento de **superación** por el respaldo invisible que te aporta.

En uno de mis cursos *online, Aromaterapia Emocional,* y apoyada por la neurociencia, hablo largo y tendido de estos tres aceites esenciales y desarrollo una sinergia, con dos de ellos más el Neroli, para controlar los miedos a las pesadillas que nos impiden dormir y descansar y, por tanto, nos limitan el día después, sintiéndonos agotados y frustrados por no ser capaces de lidiar con algo tan «infantil» como son las pesadillas.

Con estos aceites esenciales, podemos preparar una mezcla con 18 gotas de gálbano, 8 de niauli, 4 de manzanilla romana y 3 de cedro de atlas. Echaremos 10 gotas de la mezcla, previamente preparada y macerada (un par de horas) en un frasco de 10 ml con obturador, en el difusor y lo dejaremos difundir durante al menos 20 minutos, un par de veces al día. Si no es posible la difusión por encontrarnos en zona hospitalaria, aplicar 8 gotas de la mezcla en un inhalador personal o sobre un pañuelo de algodón que dejaremos cerca —en la almohada— de la persona en el proceso de Tránsito a la muerte.

## ELEMENTO AGUA

*Disolución del sentimiento.*
*Sentimos que no podemos controlar los líquidos corporales.*

Uno de los síntomas que aflora en los últimos momentos antes de morir, es la pérdida de control de los líquidos internos y la sed extrema. La mente lucha entre la consciencia y la inconsciencia, entre la Luz y la oscuridad. La mente no responde con claridad y la conciencia se va apagando. El tránsito ya ha comenzado y la energía superior de alta vibración que nos llega a través del Pasaje de Luz tira de nosotros, mientras tratamos de mantenernos estancados en el pasado, que representa el físico/cuerpo.

El sentimiento de pérdida con la realidad y con el control de tu cuerpo se hace tan fuerte que es posible que la persona entre en una espiral de negación, mezclada con el miedo que le impide ver más allá y darse cuenta de que se termina un ciclo y comienza otro. Por eso he considerado que podríamos ayudar, **abriendo una senda de Luz** aromática que permita a quien está en el proceso sentir la esperanza, la chispa de algo más que está por llegar. No dejaremos así que la vulnerabilidad domine nuestra confusa mente y, como nos dice Sogyal Rimponché, nos «sintamos como si nos ahogáramos en un océano o fuéramos arrastrados por un gran río».

### A. E. de Bergamota *(Citrus bergamia)*
Chakra Plexo solar

**Nivel espiritual**: abrir la conciencia a la posibilidad de que exista un plano superior, libre de las sombras del mundo físico.

**Metamedicina**: pérdida del espacio y la libertad como humano vivo. Miedo a morir.

Con este aceite esencial **ampliamos nuestra visión**, permitiéndonos ver que hay algo más de lo que vemos, sentimos y oímos. Dejamos circular la energía del pulmón, es decir, dejamos de padecer por aquello que no hemos podido terminar en nuestro tiempo vital-corpóreo, en la encarnación que estamos a punto de dejar. Nos damos cuenta de que hay algo más que la vida que hemos disfrutado o sufrido hasta ahora y eso nos **libera** de la carga emocional **del miedo**.

Es el faro que ilumina otra posibilidad y que, con la ayuda previa del aceite esencial de gálbano que liberaba de las cargas terrenales, nos ilumina la bruma mental y dispersa el miedo, el dolor y el «frío mortal» que ya se puede oler.

### Formulación con aceite esencial afín

– A. E. de Coriandro semillas *(Coriandrum sativum):* dejando atrás el sentimiento de vulnerabilidad y dando un paso adelante, porque ya la bergamota nos ha permitido ver esa Luz brillante que nos espera.

El uso de este otro aceite esencial, solo sería necesario si sabemos, por el carácter de quien está en esta situación, que podría sentirse desamparado y solo. Si ya en vida nos demostró esa vulnerabilidad y una clara tendencia al pesimismo o a tirar la toalla a las primeras de cambio; si, además, tenía por costumbre autojuzgarse en negativo, sin que nada o nadie le diera muestras de un juicio hacia su persona, el aceite esencial de coriandro le apoyará para abandonar ese sentimiento y adaptarse a la situación sin dar marcha atrás.

La fórmula que yo utilizaría en este último caso serían 8 gotas de coriandro y 12 de bergamota en un difusor en seco (sin agua) durante al menos 15 minutos, un par de veces al día. Incluso diluiría 8 gotas de la mezcla en aceite vegetal de macadamia y, si es posible, aplicaría unas friegas en sus lumbares, a la altura de sus riñones —sede de los miedos—.

ELEMENTO FUEGO

*La percepción se difumina entre la claridad y la difusión.*

El cuerpo, la forma ya perdió su fuerza en la primera etapa, y los líquidos su transformación en la segunda. Ahora, la percepción del mundo que rodea al moribundo se vuelve cada vez más opaca.

Físicamente ya cuesta tragar y respirar por la falta de hidratación en las mucosas. El cuerpo va perdiendo su temperatura comenzando desde la raíz, los pies y, como hemos visto representado en muchos cuadros y películas, la transformación interna está dominada por la vorágine del fuego. Hablar ya es imposible. ¿Cómo puede nuestro ser amado decirnos lo que siente o expresar lo que está sintiendo? Si, además, la conexión con el exterior se ha roto, ya solo queda la lucha del fuego interno y esa lucha se dirime en solitario. Ahora podemos ofrecer un compañero de viaje que nos lleve de la mano y nos haga sentir seguros.

*Si miro atrás, me veo a mí mismo en otros tiempos,*
*en otras vidas, representando un papel,*
*observando el papel de los demás sin pronunciar palabra,*
*guardando mis sentimientos por miedo al daño*
*que pudieran infligir.*
*Querido Elemi, me abres la puerta, me das la mano*
*y veo Luz al otro lado.*
*Estoy tranquilo, no tengo miedo.*
*De tu mano, todo camino es fiable, transitable y asequible.*

### A. E. de Elemí *(Canarium luzonicum)*
Chakra Garganta

**Nivel espiritual**: apoyo espiritual cuando el alma deja el cuerpo. Nuestro guía amoroso y dulce para atravesar el pasaje de la luz.

**Metamedicina**: frustración por lo no expresado y miedo a la soledad del camino.

El calor del cuerpo empieza a remitir y la boca y la nariz se secan —elemento fuego en retroceso, según los tibetanos—.

La mente está confusa y la emoción se encuentra atrapada en la fuerte experiencia de morir poco a poco. Nos preguntamos: «¿haré este camino solo?, ¿qué me espera al otro lado? Ya no puedo expresar lo que siento y, además, pienso en si he dicho todo lo que tenía que decir en la vida que se me escapa».

Las cuerdas vocales, nuestro medio de expresión, ya no cuentan con la energía suficiente para hablar y la incapacidad deriva en vulnerabilidad. Ya no se puede pensar con claridad y los ojos ya no responden a la necesidad de ver a los seres queridos que acompañan al moribundo.

En este punto en el cual la **percepción** comienza a **disolverse**, el ser que se va encuentra dificultad en aceptarlo si nunca se ha planteado o preparado para la muerte. Sabe que está solo para morir, que nadie de los que lo han acompañado en vida, de momento, se irá junto a él/ella. El exterior se va difuminando y el interior de su mente es una vorágine de emociones retenidas que ya no puede expresar.

Con este aceite esencial aportamos **resistencia, fortaleza** ante la inminente soledad y paso al lado desconocido del pasaje de Luz. Entre la confusión mental que siente, sabe que no está solo.

Curiosamente, a nivel físico, este aceite esencial se suele usar, entre otros, para la cicatrización de heridas, úlceras y escaras, y esta última es una de las molestias más habituales en aquellas personas que llevan mucho tiempo «encamadas» por la enfermedad.

Cuando el enfermo ya sabe que queda poco para el final y ve a su alrededor como todos lo cuidan, lo manejan, lo atienden, puede **sentirse una carga** y, de ahí, la aparición de las escaras, una lesión en la piel provocada por la falta de circulación en la zona y la «presión» continuada en ella. Este aceite esencial actuará por partida doble: a nivel físico, curando las escaras, y a nivel emocional, **activando la «circulación» de todos los sentimientos retenidos** y que están en ese momento de disolución, en combustión interna. Así se libera de la «cárcel» mental en la que se ve aprisionado por la total falta de percepción del mundo externo y la «cárcel» espiritual que le provoca el miedo que está sintiendo a solas. Por otro lado, está liberando al moribundo del sentimiento de impotencia que se vive cuando ya no eres capaz de controlar tu cuerpo.

En estos momentos de la transición, sugiero el apoyo de la digitopresión en el punto R2 del meridiano riñón, situado en el centro de la cara interna del arco del pie. Con esta presión podemos aumentar el sentimiento de seguridad y coraje. Y también el punto R4, en el borde de talón de Aquiles, a la altura del maléolo interno, para aportar calma y confianza. Si deseamos aprovechar el uso del aceite esencial de elemí que estaríamos difundiendo en esta etapa, podemos aplicar en cada punto la mezcla a realizar que explico a continuación como remedio para la curación de las escaras.

Para curación física, fuera de una etapa de Tránsito hacia la muerte, podemos servirnos de este aceite esencial para la curación o, al menos, para un mayor confort, diluyendo a razón de un 2 %

de elemí en aceite vegetal de caléndula y, a su vez, dicha mezcla añadirla a una manteca de karité, previamente transformada en líquida al baño maría.

### Formulación con aceites esenciales afines

— A. E. de Verbena exótica *(Litsea cubeba):* ponemos un punto más dulce al momento que el moribundo está transitando y le damos un extra de confianza. Como guerrero de la Luz que ha sido, verá la Luz como una explosión luminosa al alcance de su próximo aliento. **Elevamos** su frecuencia vibratoria para continuar adelante en actitud más positiva si cabe. Y, además, a los que aún quedamos aquí, nos ayudará también en el proceso de duelo, sonriendo con nostalgia y no llorando con ira, enfado o desesperanza.

En este caso, la mezcla queda a elección tuya. Si te atraen más los aromas pungentes, cargaría más en verbena exótica. Si, en cambio, es el olor resinoso y dulce lo que te atrae, sube la cantidad de elemí.

Mi fórmula favorita se constituye con 12 gotas de verbena exótica y 6 de elemí en 30 ml de oleomacerado de caléndula y luego en 4 cucharadas soperas de manteca de karité pura.

Para difusión, echo 4 gotas de la mezcla de los dos aceites esenciales que he dejado macerar un día en un disco de algodón y lo dejo reposando sobre el almohadón o lo prendo con un imperdible en la ropa de cama.

## Elemento aire

*Intelecto en disolución.*

Se alcanza el momento final y acaecen dos circunstancias físicas muy evidentes y comprobadas clínica y científicamente.

El cerebro colapsa electroquímicamente al no recibir el oxígeno que el flujo sanguíneo le daba antes. Por tanto, el neocórtex deja de funcionar. Según un estudio del 13 de enero de 2018, *Despolarización de propagación terminal y silencio eléctrico en la muerte de la corteza cerebral humana[5]*, esta situación deriva en un control emocional y anímico completo por parte de nuestro cerebro primitivo (amígdala y cerebelo) que se ancla en el miedo y en una respuesta visceral ante él.

Y, por otro lado, acaecen los **estertores finales**, durante los cuales nuestro ser querido intenta, a través de los pulmones, respirar a través de una capa de saliva y lo muestra con unos sonidos de borboteo, de chisporroteo, como cuando se sopla aire con una pajita hacia el fondo de un vaso de agua.

Cuando el cuerpo quiere morir, el sistema nervioso simpático entra en simpaticotonía, lo cual supone mantenerse en estado de vigilia, combatiendo ese final que está llegando. En realidad, el ser humano siente que pierde la libertad y el espacio que ha

---

[5] Terminal spreading depolarization and electrical silence in death of human cerebral cortex. https://doi.org/10.1002/ana.25147

mantenido durante su vida. El terror ante lo desconocido, motivado por la muerte neuronal que deja el campo libre al cerebro primitivo, llena cada resquicio de lucidez que pueda aún existir residualmente.

### A. E. de Manzanilla romana *(Chamaemelum nobile* **L.)**
Chakra Plexo solar

**Nivel espiritual**: disolviendo las alucinaciones terroríficas. Viendo a nuestros guías esperándonos.
**Metamedicina**: terror por lo que vemos al morir.

La manzanilla romana **rebajará este nivel de terror** y ayudará a **fluir el chi**, la energía recogida por el cuerpo físico durante su vida, encapsularla y llevarla hacia las puertas del Tránsito como un motor alimentado por ella. Ese dulce aroma arropará al agonizante, alejando y **acallando el terror** que pugna por dominar sus últimos momentos. Se ha constatado como este aroma rebaja la hipersensibilidad de un niño bajo los efectos de una pesadilla nocturna, sobre todo en aquellos con síndrome de abstinencia por las drogas durante el embarazo de la madre (página 103 de *Aceites esenciales en sinergia).* También estabiliza la presión sanguínea y **rebaja la ansiedad** generada por el estrés de una situación desconocida y tan traumática como es la muerte propia.

En este caso, el uso sería individual y personalizado, usando un *stick* inhalador al que añadimos 5 gotas de este aceite esencial para dar a oler de vez en cuando.

## ELEMENTO ÉTER

*Desaparición del yo.*

Después de muchas reflexiones, he considerado añadir este momento al Tránsito a la muerte y dar la oportunidad de tocar la Luz pura y poder alcanzar la transformación hacia lo más tierno y amoroso, con este aceite esencial que tantas alegrías me ha dado y tantas veces he utilizado cuando yo misma, ante la muerte de un ser amado, me he sentido impotente y me he planteado muchas dudas sobre lo dicho y no dicho a lo largo de la vida de quien se está yendo.

### A. E. de Verbena exótica *(Litsea cubeba)*
Chakra Plexo solar

**Nivel espiritual**: disolución de la negatividad por la creencia de no haber hecho lo más correcto en vida. Dulcifica el camino que has escogido en vida. No hay errores en tu vida.

**Metamedicina**: dolor generalizado y rigidez articular por miedo a avanzar.

Llegado el momento de avanzar en el proceso de la muerte, pueden aparecer **dolores** en articulaciones y generales por todo el cuerpo. Ese dolor muestra nuestro **miedo a dejarnos llevar por el proceso** del óbito. Es un avance sin retorno y no estamos seguros de que lo que dejamos atrás sea lo correcto y que lo que encontremos adelante sea positivo y amable, dado nuestro comportamiento en este plano.

El aceite esencial de verbena exótica, a nivel físico y como propiedad destacada, es un poderoso antiinflamatorio articular. A nivel energético y espiritual, centrando su actuación en el plexo solar, es un apoyo de gran valor para **recuperar la confianza en nuestros valores** como guerreros de la luz. Además nos muestra, como una **explosión de Luz**, ese «pasaje luminoso» al cual podemos acceder siempre con la protección de aquel arcángel con el que queramos conectar. El apoyo positivo e incondicional de los acompañantes será también un punto crucial, pues lo dicho ante la persona que está en pleno Tránsito a la muerte, lo que se piensa y siente, ejerce su influencia en su frecuencia vibratoria, máxime si tenemos en cuenta que su **conciencia está en plena expansión**, siendo capaz de conectar con todos los que le rodean a nivel supraconsciente.

Podemos realizar una mezcla en aceite vegetal de rosa mosqueta y aceite oleomacerado de caléndula a partes iguales y aplicar en las articulaciones y en aquellas zonas de más dolor. Las manipulaciones más adecuadas serían las de *holding* y las de balanceo.

### Formulación con aceite esencial afín

– A. E. de Sándalo australiano *(Santalum spicatum):* la plenitud que sentimos cuando olemos el sándalo es tan grande que todo lo que nos rodea y nos llena encuentra su justo lugar. Se da una **conexión interna** tan placentera que su mezcla con la explosión de Luz que nos aporta la verbena exótica, nos durará el tiempo necesario para entenderlo todo y ser aún más conscientes de que estamos en plena expansión. Más adelante amplío la vertiente espiritual de este aceite esencial.

La fórmula queda a tu libre albedrío, pero sugiero usar una base de manteca de karité para crear un perfume sólido que permita su aplicación en la parte del cuerpo que, por intuición, creamos más afín en ese momento. Solo hay que escoger un contenedor adecuado y, como sugerencia, propongo un tarro de aluminio con 5 cucharadas soperas de manteca de karité pura —sin añadidos previos— y no superar más de 20 gotas en total de la mezcla de aceites esenciales. Dispón las cucharadas de karité en un vaso de pírex al baño maría y, una vez que se haya vuelto líquida, retira del fuego. Échalo en el tarro, espera un par de minutos para que enfríe un poco —si no, al añadir los aceites esenciales, estos se evaporarán más rápidamente, aparte de modificar su composición con el calor— y añade los aceites. Remueve con una cuchara de cerámica o un utensilio de metacrilato y luego deja reposar a temperatura ambiente hasta que endurezca. Luego lo puedes introducir tapado en la nevera durante un par de horas para que termine de endurecer.

Hasta aquí, hemos presenciado la disolución de los cuatro elementos a nivel físico que se dan al mismo tiempo que la disolución de las emociones y pensamientos, lo que los tibetanos denominan «disolución interna».

Esta disolución interna del Ego humano no nos es físicamente evidente como para poder señalar el momento exacto y actuar de acuerdo a nuestro deseo de suavizar el proceso o ayudar a transcenderlo. Por este motivo, los aceites esenciales que a continuación detallo han de ser escogidos basándonos en el conocimiento que tengamos de la personalidad de nuestro ser querido. Si conocemos o no sus pensamientos sobre la muerte y/o de la intuición o lo que el corazón nos dicte hacer en esos momentos.

Recomiendo, por tanto, utilizar el aceite esencial principal de la etapa de la disolución externa que veamos está transitando nuestro ser querido y cuyas claves he descrito ya y añadirle, si así lo sentimos, el aceite esencial de la disolución interna que nos parezca más adecuado al leer lo que a continuación expongo sobre su vertiente espiritual.

## DISOLUCION INTERNA

La conciencia transita por cuatro planos diferenciados que se pueden entender como un reflejo invertido del proceso de la concepción, según los tibetanos. En el momento mismo de la concepción, nuestra conciencia también es atraída y el feto va desarrollándose con la ayuda de la esencia del padre «blanco y lechoso» situado en nuestro chakra corona y la esencia «roja y caliente» de la madre en el chakra raíz. Las etapas subsiguientes de disolución evolucionan a partir de estas dos esencias.

## APARICIÓN

*El aire desaparece.*
*La esencia del padre desciende al corazón.*

La esencia de nuestro padre terrenal desciende desde el chakra corona al corazón, casa de nuestra llama Trina. Toda la ira —33 estados en total, según *El libro tibetano de la vida y de la muerte*—, la culpa y el resentimiento abandonan el alma y una gran claridad mental acompaña al muerto.

Una luz clara y pura se aparece ante el finado. El miedo puede obligarlo a retroceder ante ella y seguir en cambio la luz grisácea que acompaña a esa aparición de luz brillante. Demos a nuestro Ser Querido la posibilidad de disolver la cólera, la ira que lo ha acompañado toda la vida con la difusión de un cítrico liberador de culpas.

**A. E. de Mandarina** *(Citrus reticulata)*
Chakra Sacro

**Nivel espiritual**: liberación de la culpa

Este aceite esencial despeja nuestro sentimiento de culpa y, además, ayuda a clarear la Luz que asoma detrás de todo pensamiento oscuro. Actúa como una linterna de luz negra, que ve las manchas que a simple vista no se observan. En este momento, va más allá de la luz grisácea (karma) que trata de empañar la Luz clara que ha asomado para indicar por dónde caminar. Ya ha llegado el momento de abandonar tu mochila karmática y caminar en confianza.

## Aumento

*Comienza a ascender la esencia de la madre*
*y se ve la luz roja/naranja al final del túnel.*

He considerado dos grandes aceites esenciales para este proceso. Uno como un unificador y el último como un diapasón que transforme la vibración y la eleve.

**A. E. de SANDALO** *(Santalum austrocaledonium* **o** *Santalum album)*
Chakra todos

**Nivel espiritual**: conectar con tu conciencia, separarte del cuerpo físico, unirte al Todo.
**Metamedicina**: angustia ante la muerte

La **pérdida de control** de tu cuerpo durante el óbito es, si no nos hemos preparado, motivo de angustia y pánico, al menos en los primeros días, cuando aún no has perdido el control mental y físico, pero empiezas a notar cansancio, pérdida de apetito, incontinencia, imposibilidad de abrir los ojos. Es decir, **se van disolviendo los centros energéticos del cuerpo**. Es hasta probable que la situación vivida nos haga recordar otra parecida en la cual se planteó la muerte y su solo pensamiento nos llevó a un ataque de pánico.

El aceite de sándalo acude a **reorganizar** lo que queda de ti, **las memorias** que recoges de esta vida y que se unirán, al otro lado, con todas aquellas que te acompañaron en otras vidas.

Es quizás, por eso, que se suele utilizar este aceite esencial como un **unificador de chakras**. Ya estás listo, con todo ese bagaje, con el entendimiento de lo que ha significado la muerte física. Ahora te espera el resto de tu vida en la Luz. Veámoslo como un **recopilador de memorias** que te hace sentir completo en tu espíritu y preparado, con esa maleta, para tomar el camino hacia el otro lado del pasaje de Luz, ensanchando tu conciencia y siendo más consciente de que tus seres amados que tomaron antes este viaje están junto a ti, esperándote para coger tu mano y guiarte hacia ese plano vibratorio que te corresponde.

En nuestro curso *Tu camino espiritual con Aromaterapia,* lo representamos como un eslabón que nos conecta con la colectividad a la que pertenecemos.

Como la fatiga puede asomar en este proceso, busquemos ahora un compañero de viaje que refresque y anime, que eleve y encienda una chispa más de alegría por el camino iniciado tras finalizar el otro, el de la vida física.

**A. E. de Fragonia** *(Agonis fragans)*
Chakra tercer ojo

**Nivel espiritual**: elevar la frecuencia vibratoria buscando el contacto con tus guías.
**Metamedicina**: fatiga extrema por esfuerzo no valorado

Aquella persona que en su vida ha trabajado hasta la extenuación, cumpliendo con todos pero siendo **infravalorado** por todos, termina sus días bajo una fatiga anímica y una **desmo-**

**tivación** extrema. La fragonia **refresca** la **mente** y el **cuerpo, libera la energía estancada** para que fluya hacia arriba, como la esencia roja (madre) que los tibetanos describen en la disolución interna de los vientos al morir. Demos, pues, un respiro al cuerpo, soltándolo definitivamente y un paso adelante, en completa expansión al espíritu, que abandona este plano.

A nivel físico es un aceite esencial completísimo, puede muy bien sustituir al archiconocido árbol del té. En mi experiencia personal, lo he utilizado infinidad de veces para descongestionar las vías respiratorias. La aplicación, en este caso, vía olfativa, que ha sido siempre la más efectiva y directa. También he tenido ocasión de verlo provocar milagros en casos de fibromialgia, ya que ha demostrado sobradamente su poder analgésico y relajante muscular (olfativo y tópico). Trabajará ese **sentimiento** de **sentirse incomprendido** por todos que deriva en dolores por todo el cuerpo.

En el Tránsito, ayudará a **comprender que el final físico ya es una realidad** y el dolor ya no existe.

CONSECUCIÓN PLENA

*Encuentro de Cielo y Tierra para el moribundo.*
*Liberación de pensamientos relacionados*
*con la Ignorancia y el Engaño.*

La ansiedad generada por lo **desconocido**, el miedo al más allá, genera una **retención** que densifica nuestra vibración, aumentada por nuestros últimos pensamientos negativos, las emociones de los que nos rodean en ese momento y la conciencia general. Hemos de ayudar a conectar con el más allá a través del chakra corona. Si vemos la verdad, el engaño desaparece y el camino se clarifica.

### A. E. de Ciprés *(Cupressus sempervirens)*
Chakra Corona

**Nivel espiritual**: conexión con nuestra sabiduría ancestral y entre el Cielo y la Tierra

**Metamedicina**: limitación y división entre los que deseamos avanzar y el miedo a decepcionar a los demás.

El edema físico, la retención de líquidos y el edema emocional pueden dejar a la persona anclada en este proceso de liberación de pensamientos relacionados con la ignorancia y el engaño vivido. El aceite esencial de ciprés puede ser el elemento de **cohesión entre lo que fui y lo que voy a ser** después de muerto.

Da salida a la retención y a la limitación de los roles adquiridos en vida y si, aun así, intuimos un aferramiento mayor, podemos servirnos mejor del siguiente aceite esencial o combinar ambos para así aportar un plus de estabilidad y adaptación al momento (ciprés), uniendo así mente y corazón —solo tenemos que fijarnos en los chakras que ambos determinan—. Crearemos un diálogo coherente entre la parte más densa y la más sutil de nuestro ser querido, así podrá percibir que todo lo sucedido en su vida fue necesario y perfecto para la consecución final en el otro plano, el verdadero estatus del alma.

**A. E. de Mejorana** *(Origanum mejorana)*
Chakra corazón

**Nivel espiritual**: desatascar el alma del plano físico y darle alas para volar a través del tránsito.

**Metamedicina**: tensión nerviosa por emociones reprimidas.

La mejorana siempre se ha demostrado en el plano físico como un gran antiespasmódico en personas con signos de depresión nerviosa, sobre todo cuando muestran o liberan sus **inseguridades** con tics nerviosos o movimientos involuntarios. En el caso de los últimos momentos antes de morir, suele haber un lapso de tiempo de respiración cargada de mucosidad, acompañada de intervalos de apnea de varios segundos. Es los que se suele llamar la etapa de los «estertores». Este aceite esencial **liberará estas «repeticiones» involuntarias** que dan a entender un **bloqueo** o **retención del cuerpo** a dejar irse a su «esencia».

Además, rebajará el estado de ansiedad que pueda sentirse ante la inminente muerte, una ansiedad que se muestras con un «peso en el pecho» que impide elevarse del cuerpo. Más aún, su aroma ayudará al acompañante a rebajar el estrés que está padeciendo, sobrellevando la situación.

## LUMINOSIDAD BASE

*Se empieza a recobrar la conciencia,*
*la fuente de Buda.*

Ha llegado el momento de lograr la claridad, la conciencia más sutil y avanzar sin demora y con determinación, sin volver la vista atrás. Curiosamente, en estos momentos es cuando el Ser que transita debería desarraigar totalmente, es decir, liberar su chakra raíz, que es el que realmente ofrece, en caso de estar en equilibrio durante toda la vida del Ser que se va, la determinación, la seguridad, la constancia y el dominio de uno mismo. Hay que tener presente que desarraigar físicamente no significa perder tus «raíces» álmicas. Eres un hijo del universo y puedes elegir dejar atrás el arquetipo de la víctima que puedes haber mostrado en esta vida y mostrar la autonutrición del arquetipo de la madre en estos momentos. Para ello hace falta conocerse a uno mismo, aceptar las luces y las sombras y, si hay un aceite esencial apto para esta tarea, es el que viene a continuación. Un amigo de lo terrenal pero también un aliado para conectar profundamente con lo que precisemos. Y, en este momento, el Ser necesita conectar con su verdadera casa, que ya no es Gaia, desvincularse de ella y vincularse a otro plano.

Quizás se podría pensar que el elemento que menos necesita es tierra, pero, desde mi punto de vista, ha de confiar en que lo que deja es lo correcto y donde se adentra es lo real y necesario.

## A. E. de Vetiver *(Vetiveria zizanoides)*
Chakra Raíz

**Nivel espiritual**: confía en el camino tras conectar contigo mismo y aceptar tus sombras.

Este aceite esencial tan motivador y encaminado a la materia, a lo tangible, a sentirse centrado sobre los pies, apegado a la madre Gaia, actuaría en estas circunstancias como un catalizador de **subconsciente más despierto**, equilibrando cuerpo, mente y espíritu, y acallando el Ego de la Razón, que ya no nos sirve allá donde vamos.

Nuestra raíz ha cambiado su sustrato, ya no precisamos de conexión terrenal, sino conexión y enraizamiento con otro plano, con sus nuevas vibraciones, conexión con otras almas y conexión con nuestro Yo superior, que ha sido acallado durante toda una vida.

> *Observa la dirección que tomas con tus pasos,*
> *es la que has escogido. Por ese camino me conocerás,*
> *fluyendo en libertad y sin ataduras,*
> *abierto a los cambios sin miedo,*
> *ofreciendo lo mejor de ti , mostrando cada recoveco,*
> *aceptando cada sombra,*
> *porque ya no tienes miedo a ceder tu posición,*
> *puesto que ya has encontrado tu camino*
> *sin mayor autoimposición[6].*

---

[6]  Extracto «Meditación con A. E. de Vetiver» (curso Aromaterapia Espiritual) Escuela de Aromaterapia Ana Requejo: www.anarequejoaromaterapia.com

El mejor método de aplicación sería tópicamente, diluyendo dos gotas en una cucharada sopera de manteca de karité que previamente se vuelve líquida al baño maría. Por norma general, cuando utilizo este aceite esencial —por temas linfáticos—, lo aplico en piernas y en la planta de los pies. Me ha sido muy útil en tratamientos energéticos como las sesiones de reiki, para «traer de vuelta» al individuo una vez finalizada la sesión. La sensación suele ser de asentamiento contundente en el aquí y el ahora.

Pero en este caso yo aplicaría mediante la unción y pequeña presión con el pulgar en la coronilla o Puerta Celestial, situado a 12 dedos desde el entrecejo. Punto donde confluyen varios canales con influencia en los órganos internos. Y para los tibetanos, **punto por el cual sale la conciencia** en el momento de la muerte.

Hasta aquí se ha establecido un protocolo sencillo que paso a resumir en el siguiente cuadro más abajo.

La combinación de los aceites esenciales queda al entendimiento e intuición del acompañante del Ser de Luz que transita hacia el otro lado.

| DISOLUCION EXTERNA | | DISOLUCION INTERNA | |
|---|---|---|---|
| Elemento | A. E. | Estado | A. E. |
| Tierra | Galbano | Aparición | Mandarina |
| Agua | Bergamota | Aumento | Sándalo Fragonia |
| Fuego | Elemí | Consecución plena | Ciprés Mejorana |

| DISOLUCION EXTERNA | | DISOLUCION INTERNA | |
|---|---|---|---|
| Aire | Manzanilla Romana | Luminosidad base | Vetiver |
| Éter | Verbena exótica | | |

# Parte IV

# PROTOCOLOS
# PARA EL ACOMPAÑAMIENTO

PROTOCOLO PARA DESPRENDERSE DEL CUERPO FÍSICO CON AYUDA DEL *SPRAY* DE PURIFICACIÓN

Con el fin de llegar al momento lo más liberado posible de cargas terrenales, podemos limpiar nuestros cuerpos sutiles con esta mezcla aromática que, desde hace ya varios años, he utilizado en consulta. Este es un protocolo que podemos realizar previamente al ejercicio/meditación Transferencia de Conciencia *(Phowa)*.

- **A. E. de Enebro** *(Juniperus communis),* 8 gotas
  Chakra corona
- **A. E. de Salvia** *(Salvia sclarea),* 10 gotas
  Chakra tercer ojo y garganta

Difusión intermitente: 20 minutos, 2 veces al día en un nebulizador (difusor en seco) o en un aromastone (difusor de cerámica con temperatura baja).

Podemos también realizar el mismo tratamiento vía interna con la ayuda de los siguientes hidrolatos puros y aptos para la ingesta:

- Hidrolato de Enebro *(Juniperus communis)*, 1 cucharada sopera.
- Hidrolato de Salvia *(Salvia sclarea)*, 1 cucharada sopera.
- Hidrolato de Ciprés *(Cupressus sempervirens)*, 1 cucharada sopera.

Durante 40 días, ir tomando un litro cada día de este preparado diluido en un litro de agua mineral. Podemos comenzar semanas o días antes de predecir el óbito de nuestro ser querido y continuarlo después hasta cumplir con el tiempo estipulado.

Para más información sobre las propiedades y usos de estos hidrolatos, puedes acudir a nuestro curso *Hidrolatos en sinergia* (www.anarequejoaromaterapia.com)

TRANSFERENCIA DE CONCIENCIA *(PHOWA)*

Una buena preparación espiritual hacia la Muerte nos encamina a un ofrecimiento del alma pura y dispuesta a la fuente, Dios. Ese ofrecimiento se ve iluminado durante el camino que ha de recorrer y facilita la claridad al alma para escoger su siguiente etapa.

Ayudar a un moribundo a morir es sencillo, tan solo has de estar a su lado y crear un sencillo ejercicio que se adapte a su sentir. Por ejemplo, solicitar el perdón, la purificación. Los tibetanos practican el *Phowa,* o Transferencia de Conciencia, siendo el mejor momento el mismo día del fallecimiento o durante los 49 días siguientes en el mismo lugar del óbito, antes de que muevan el cuerpo.

También puedes, si así lo sientes, siempre que el fallecido ocupe tu mente, enviarle amor y realizar el *Phowa* acompañado, por ejemplo, del Mantra Buda de la Compasión, *Om mani padme hum.*

### PASOS DE LA TRANSFERENCIA DE CONCIENCIA REALIZADA POR EL MORIBUNDO

Su práctica persigue fusionar tu mente con la mente del ser que encarne para ti la sabiduría, la verdad y la compasión.

1. En postura de meditación.
2. Invoca al guía, santo o ser divino que encarne todo lo bueno y la verdad, la sabiduría y la compasión para ti.
3. Concentra tu mente, corazón y alma en la presencia y recita la siguiente oración para la expansión de la conciencia con fórmula aromática.

*Por tu bendición, tu gracia y tu guía,*
*por el poder de la luz que brota de ti:*
*que todo mi karma negativo, mis emociones destructivas,*
*mis oscurecimientos y bloqueos*
*sean purificados y eliminados,*
*que me sea perdonado por todo el daño*
*que pueda haber pensado y hecho,*
*que alcance el logro de esta profunda práctica de Phowa*
*y tenga una muerte buena y pacífica,*
*y por el triunfo de mi muerte,*
*que pueda beneficiar a todos los demás seres,*
*vivos o muertos*

4. La presencia de luz recibe tu oración y te envía a cambio, en forma de rayos de Luz que nacen de su corazón, todo su amor y compasión, purificando tu alma de todo karma negativo, recordando todo el Dharma que has creado y alimentado.

5. Tu cuerpo, ya purificado, se disuelve en la Luz, formando un Todo con ella y elevándose hacia ese lugar que te espera abierto y dispuesto a recibirte con los brazos abiertos de amor.

TRANSFERENCIA DE CONCIENCIA REALIZADA POR EL ACOMPAÑANTE PARA EL MORIBUNDO

Visualiza la presencia de Luz sobre la cabeza del moribundo, recita la oración y luego observa como la presencia derrama sus rayos de luz sobre la cabeza, envolviendo todo el cuerpo del moribundo o difunto —si realizas el *Phowa* tras la muerte—.

Cada vez que la persona fallecida te venga a la mente, puedes visualizar esta presencia de luz derramando su amor sobre él/ella y puedes solicitar su purificación.

SINERGIA AROMÁTICA PARA LA TRANSFERENCIA DE CONCIENCIA

La sinergia aromática que a continuación detallo y que se puede utilizar en difusión, inhalación o en manteca de karité —perfume sólido— ayudará a la persona en Tránsito a la muerte a alcanzar el otro lado sin mácula, sin hábitos, sin programaciones, en un estado de Amor Puro.

— Absoluto de jazmín *(Jasminum grandiflorum),* 3 gotas
— Lavanda *(Lavandula angustifolia),* 10 gotas

— Ravintsara *(Cinnamomum camphora)*, 4 gotas

La Luz blanca del Absoluto de **jazmín** es la llama de la **resurrección sin mácula**, sin deudas, que libera toda carga emocional añadida en esta vida terrenal. El principio y el fin de todo. Ayudará a alcanzar el mismo nivel vibracional que nuestro Yo Superior.

La **Lavanda** te envuelve en confort, seguridad, **amor materno**. Los pasos a seguir están guiados por una fuerza que no te dejará tropezar. Calmará la angustia y expandirá el Aura, acercando los chakras físicos a los más espirituales para una total Unidad.

La **Ravintsara** te ayuda a **abrir las alas**, tu alma, al encuentro de la vida álmica que te espera al otro lado. Activará la voluntad de ir hacia adelante en confianza plena.

### Fórmula resiliente «ralentización de pensamientos»

El desarrollo de esta fórmula ha surgido de la necesidad de apoyar el trauma que supone verse abocado a la muerte, siendo aun plenamente consciente de ello.

Se busca un equilibrio (geranio) entre cielo y tierra (lavanda) para adaptarse mejor a la situación (ciprés), sintiéndose en armonía interna respecto a lo que se siente y lo que se piensa (milenrama) y disparando la energía por todos los cuerpos sutiles (bergamota) con una perspectiva nueva sobre lo que dejas y lo que llega. Pero siempre firme, confiado y seguro de ello (cedro atlas).

- Ciprés *(Cupressus sempervirens)*, 21 gotas
- Cedro Atlas *(Cedrus atlantica)*, 15 gotas
- Geranio Bourbon *(Pelargonium x asperum)*, 22 gotas
- Bergamota *(Citrus x bergamia)*, 26 gotas
- Lavanda *(Lavandula angustifolia)*, 10 gotas
- Milenrama *(Achillea millefolium)*, 3 gotas

Esta mezcla se prepara en un frasco de 5 ml con obturador y de ella se dejan caer entre 8 a 10 gotas en un difusor o en *stick* inhalador. Aconsejo su difusión durante 30 minutos, 2 veces al día, y el uso del *stick* inhalador entre medias de la difusión, tantas veces como se necesite.

PROTOCOLO DE PREPARACIÓN DEL ACOMPAÑANTE CON FÓRMULA AROMÁTICA

Entendiendo que las circunstancias no son agradables ni fáciles para quienes acompañan y que quedarse con el corazón abierto y la empatía a flor de piel no es quizás sencillo en esos momentos, podemos tratar de meditar antes, con el fin de abrir el corazón a la compasión, visualizando en cada inhalación el sufrimiento que estamos sintiendo y exhalando el amor y el alivio que sentimos y queremos transmitir a nuestro ser querido en proceso de morir.

Es más que probable que sintamos no solo dolor, sino también miedo ante la situación que se viene encima:

- Desconectados de nuestro sentir, negamos el dolor y el miedo ante la pérdida.

- Al no aceptar la situación, la agresividad nos domina; a algunos más evidentemente que a otros. Culpamos a nuestro ser amado, a Dios/a, al universo…
- Ante la ayuda que nos llega de otros familiares y amigos, aparece una actitud defensiva o dejamos ver en nosotros unas expectativas irreales de la situación que, finalmente, al ver que no se dan, nos frustran.
- El mundo se vuelve hostil. Nadie nos entiende y tenemos miedo, por lo que levantamos un muro de soledad que puede alejar a quienes se acercan a ayudarnos a pasar el momento con más resiliencia.

Es evidente que no estamos, quizás, por la labor de ayudar a nadie, sino de encerrarnos en nosotros mismos hasta que el ser amado se haya ido. Pero en nuestro fuero interno la bondad y la dignidad palpitan y nos exigen una respuesta más empática. Se necesita entrar en una actitud compasiva y bondadosa que nos es ajena en esos momentos.

Si algo me ha enseñado esta dolorosa situación y mi amor por los aceites esenciales, es que todo es posible y solo hay que dedicarle un momento al silencio de nuestro interior y localizar el dolor para limpiarlo y atenuarlo. He aquí la ayuda aromática que os propongo.

**Bondad amorosa**

- Mirto *(Myrtus communis* L.), 8 gotas: nos otorgará la capacidad de expandir nuestra caja torácica, abrir el corazón

73

cual flor de loto y visualizar el amor que hemos recibido y estamos recibiendo.

— Neroli *(Citrus aurantium* L. var. *amara),* 5 gotas: con su floral y cálido perfume nos instará a derramar ese amor sobre nuestro ser querido.

Esta mezcla ayudará a visualizar aquel momento de tu vida en el cual recibiste un Amor sin reservas y dejar que aquel sentimiento llene tu corazón doliente. Así podrás dejarlo derramar sobre tus seres queridos, amigos y desconocidos que te rodean. De este modo, como respuesta espejo, recibirás lo mismo y tu corazón herido por el dolor de la pérdida se sentirá acompañado para así encontrar…

### Compasión

— Eucalipto radiata *(Eucalyptus radiata),* 10 gotas
— Mandarina *(Citrus reticulata),* 15 gotas

Mostrarás, sin reparos, tus más íntimos temores y sentimientos, dejando atrás la culpa por mostrar lo que creías era una debilidad y que no es más, en realidad, que tu vena compasiva y tu empatía hacia quien se marcha de este mundo terreno.

### Meditación con la mezcla

Cuando realices la mezcla de estos cuatro aceites esenciales en un frasco adecuado, visualiza tu corazón y busca en él ese miedo que tienes por esa persona que te deja. O el miedo que sientes por ti, que te quedas sin él/ella.

Ya hecha la mezcla y con el tapón cerrado, sostenla contra tu pecho y visualiza cómo esos aromas expulsan todo ese dolor y miedo de ti. Proyéctalo unos metros ante ti y permítete sentirlo.

Luego regresa con el pensamiento a tu corazón, abre el frasco, respira la mezcla con suavidad varias veces y siente cómo su vibración enciende la llama del Amor que reside en tu centro cardiaco. Imagina esa llama expandirse por tu pecho y por todo tu cuerpo, como una bola de calor agradable pero eficaz, pues está quemando ese dolor, purificando tu corazón y tu espíritu.

Ahora, respira de nuevo con el frasco cerca de la nariz y visualiza a tu ser querido, que se está yendo. Verás una esfera de luz plateada que lo rodea y como, poco a poco, esa esfera te alcanza y te rodea también. Respira lentamente y permite que el dolor que has proyectado fuera de ese círculo se vaya. Poco a poco, toda sensación oscura y negativa te irá abandonando.

Inhala y exhala varias veces en profundidad, sonríe con tu boca, permite a tu corazón sonreír y abraza mentalmente a tu ser querido, imaginando como el fuego de tu corazón restaurado lo rodea y os rodea, mecidos por la dulzura, la bondad y la compasión del Amor que sientes por él/ella.

Recomiendo repetir esta visualización/meditación un par de veces al día o cuando lo consideres oportuno. Llevar el frasco de la mezcla en el bolsillo y respirarla cuando el dolor y las lágrimas pugnen por salir. Delante de quien está en Tránsito hacia la muerte no es conveniente mostrar todo ese dolor. No impregnemos su marcha con más miedo o dolor.

A la noche, difundir 8 gotas de esta mezcla en el dormitorio, 15 minutos antes de irse a la cama, con la puerta cerrada y sin estar dentro de la habitación. Luego apagar el difusor y echarse. Si se necesita más ayuda, verter un par de gotas en el embozo de la sábana o en un disco de algodón y dejar sobre la almohada. El descanso será más reparador, la respiración más equilibrada gracias a la composición del mirto y el eucalipto Radiata. El nerolí y la mandarina proporcionarán un sueño sin sueño, en armonía y dentro de lo que cabe, en moderada Paz con uno mismo.

*Has perdido a un marido, a un hijo,*
*a una esposa, a una hija,*
*a una madre, a un padre,*
*a un amigo…*
*Se ha ido un alma que te acompañaba.*
*Ahora tú puedes seguir a su lado,*
*en sus últimos instantes,*
*Incluso después, mucho después,*
*respirando amor por ese alma amada,*
*enviando amor por ese Ser eterno*
*y dando todo tu Ser en plenitud,*
*logrando la paz de espíritu que necesita*
*y que tú buscas.*

ANA REQUEJO

ESTE OBRA HA SIDO ESCRITA DESDE EL CORAZÓN
Y PARA EL CORAZÓN DE MI PADRE,
Y FUE TERMINADA EL 7 DE SEPTIEMBRE DE 2024.

# Anexo I

*Amado arcángel Gabriel, portador de las buenas nuevas,*
*ilumina el camino hacia la verdad*
*del interior de nuestros corazones*
*y guíanos por el sendero correcto.*

*Con tu dulzura y cuidado,*
*guía a nuestro ser amado en Tránsito (nombre)*
*por ese camino; en confianza, alegría y libertad,*
*con el fin de que se acerque sin demora al plano celestial,*
*al origen de su alma desencarnada.*

*Arcángel Miguel, protege este alma de (nombre)*
*para que ningún ser encarnado o desencarnado*
*disturbe su marcha de este plano, ni en el Tránsito al siguiente.*
*Acompáñalo/a con tu ejército de Ángeles*
*para que se sienta fuerte, respaldado/a y seguro/a.*

*Ayudadlo/a, por favor, con vuestra inmensa bondad,*
*a dejar atrás, sin traumas, sin miedo y sin dolor,*
*su cuerpo físico,*
*a soltar toda responsabilidad u obligación mundana*
*que ya no le pertenece por cambiar de Plano,*
*y a abrazar su corazón etérico, abriendo su llama Trina*
*para recibir el amor, la sabiduría y la justicia divinas*
*que vosotros encarnáis.*

*Guiad al alma de (nombre)*
*por su Tránsito al otro lado del Pasaje de Luz*
*y permitid que vea, sienta y disfrute*
*de la compañía de los seres queridos que allí le esperan,*
*para guiarle al otro lado del túnel de Luz.*
*Os damos las gracias por vuestra dulzura y apoyo*
*en momentos tan sensibles.*

*Así sea, así es, hecho está.*

# Anexo II

Una oración para el principio, la parte central y el final de la práctica, por Lama Tsong Khapa.

*Me postro ante los budas conquistadores, bodisatvas*
*y arhats de todos los tiempos y las direcciones.*

*Con mente pura ofrezco esta vasta oración*
*para liberar a los innumerables seres de la existencia cíclica.*
*Que por el poder de las Tres Joyas, que nunca defraudan,*
*y de los grandes sabios, poseedores del poder de la verdad,*
*estas sinceras palabras se hagan realidad.*

*Que en ninguna de mis vidas renazca*
*en los reinos de sufrimiento o en condiciones desfavorables,*
*sino que disfrute siempre de una vida humana perfecta*
*dotada de todas las cualidades.*

*Desde mi nacimiento, que nunca me deje*
*cautivar por los placeres de la existencia,*
*mas, guiado por la renuncia que anhela la libertad,*
*siempre busque una vida de pureza.*

*Que amigos, familia y posesiones*
*nunca sean obstáculo a la ordenación,*
*y que reúna toda las condiciones favorables*
*con tan sólo pensar en ellas.*

*Que cumpla lo que prometí ante el maestro,*
*y así, cuando esté ordenado,*
*que no transgreda jamás los votos*
*ni cometa ninguna falta natural.*

*Rezo para que, con esa base pura,*
*por cada uno de los seres, mis madres,*
*me dedique a todos los aspectos*
*del Mahayana vasto y profundo*
*por incontables eones, y a pesar de las dificultades.*

*Que esté bajo el cuidado de amigos espirituales genuinos,*
*colmado de conocimiento y comprensión,*
*sosegados los sentidos y apaciguada la mente,*
*henchido de amor y compasión,*
*con el coraje incansable, trabajando por los demás.*

*Que me dedique a mi maestro,*
*como Sada Prarudita a Arya Dharma,*
*con cuerpo, vida y riqueza,*
*sin decepcionarlo ni por un instante.*

*Como a Sada Prarudita,*
*que me sea enseñada la profunda perfección de la sabiduría,*
*que no discrimina y porta la paz,*
*sin la mácula de las turbias aguas de las visiones erróneas.*

*Que nunca me deje llevar*
*por falsos maestros o malas influencias*
*que sostienen ideas erróneas alejadas de la intención de Buda*
*sobre lo que existe y lo que no.*

*Al izar la mente más sincera,*
*esa vela impulsada por el viento del esfuerzo sin fatiga,*
*que conduzca a los seres lejos del océano del samsara*
*en el sólido navío del estudio, el análisis y la meditación.*

*Que tanto como sobresalga en conocimiento,*
*tanto como dé a los demás,*
*tan pura crezca mi moralidad*
*y tan grande mi sabiduría pueda devenir,*
*ese tanto se vacíe también mi orgullo.*

*Que no me sacie el aprender a los pies de mi maestro,*
*escuchando con atención*
*y analizando sin error,*
*valorando el significado abierto de las escrituras.*

*Tras examinar día y noche,*
*con lógica irrefutable, lo escuchado,*
*descarte toda duda con la comprensión*
*y el discernimiento surgidos de la contemplación.*

Que con la convicción profunda en el Dharma,
fruto de la comprensión nacida de la contemplación,
pueda retirarme en solitud
y dedicarme adecuadamente a la práctica,
superando con perseverancia los apegos de la vida.

Que cuando el pensamiento de Buda madure en mí
gracias al estudio, el análisis y la meditación,
no surja en mi mente ni por un instante
el apego a los quehaceres de una vida atada al samsara
ni los pensamientos que solo buscan mi felicidad.

Al abandonar el apego a las posesiones,
que destruya la avaricia y reúna discípulos a mi alrededor,
ofreciéndoles primero ayuda material
y enseñándoles el Dharma después.

Que mantenga la mente de la renuncia
y no transgreda nunca, ni a costa de mi vida,
el más pequeño de los preceptos,
para así enarbolar el estandarte de la infinita libertad.

Al ver, escuchar, o siquiera recordar
a aquellos que me han fustigado, maltratado o maldecido,
que rehúya el enfado,
mencione sus virtudes y medite en la paciencia.

*Que al aplicarme con entusiasmo*
*y eliminar los tres tipos de debilitante pereza,*
*alcance las cualidades aún por lograr*
*y mejore aquellas ya alcanzadas.*

*Que abandone la absorción meditativa*
*que carece del poder de la comprensión*
*que aplaca el samsara,*
*que no disfruta de la compasión*
*que acalla la pasividad del nirvana*
*y que nos hace retornar a la existencia cíclica,*
*y que, en su lugar, desarrolle la absorción*
*que une compasión y comprensión.*

*Que elimine toda visión errónea sobre la vacuidad,*
*mentalmente elaborada o parcialmente conocida,*
*que surge del temor a la verdad más profunda*
*y es estimada como suprema,*
*para así comprender que todos los fenómenos*
*son, desde siempre, vacíos.*

*Que encamine hacia una ética sin faltas*
*a aquellos que, proclamándose practicantes,*
*siguen imprudentes los caminos rechazados por los sabios,*
*exhibiendo sin pudor una moralidad dudosa*
*y carente de pureza.*

Que guíen por el sendero alabado por los budas
a aquellos que por seguir a falsos maestros
y malas influencias
se extravían y caen en caminos erróneos.

Que aplaste el orgullo de los zorros de falsa oratoria
con el rugido de león de enseñanzas, argumentos y escritos.
Al reunir discípulos avezados,
que ice la bandera de las enseñanzas para la eternidad.

En todas mis vidas, que beba el néctar
de las enseñanzas de Buda,
renazca en una buena familia,
sea de buen ver, atesore riqueza, poder y sabiduría,
y disfrute de salud y longevidad.

Que desarrolle el incomparable amor de una madre
hacia aquellos que me maldicen
y anhelan desgracias
para mi vida, cuerpo o posesiones.

Que por cultivar en mi interior
la extraordinaria y pura mente de la bodichita,
cuya naturaleza es querer más al prójimo que a uno mismo,
alcance sin demora el insuperable despertar.

Que todo el que escuche, vea, o piense en estos versos
haga realidad, con firmeza libre de duda,
las poderosas oraciones de los bodisatvas.

*Que por el poder de esta vasta plegaria,*
*realizada con motivación pura,*
*alcance la perfección de la oración*
*y satisfaga los deseos de todos los seres.*

# Anexo III

Mantra de la compasión, Ani Choying Drolma.

*Namo Ratna Trayāya* (Homage to the Triple Gem)
*Namaḥ Ārya Jñāna Sāgara* (Homage to the ocean of noble wisdom)
*Vairocana* (The Luminous One or The Illuminator)
*Vyūha Rājāya* (To the King of the Manifestations)
*Tathāgatāya* (To the Tathāgata)
*Arhate* (To the Arhat)
*Samyaksam Buddhāya* (To the perfectly awakened one)
*Namo Sarwa Tathātebhyaḥ* (Homage to all Tathāgatas[k])
*Arahatabhyah* (To the Arhats)
*Samyaksam Buddhebhyaḥ* (To the fully and perfectly awakened ones)
*Namo Arya Avalokiteśvarāya* (Homage to Noble Avalokiteśvara)
*Bodhisattvāya* (To the Bodhisattva)
*Mahasattvāya* (To the Great)
*Mahakarunikāya* (To the Greatly Compassionate one)
*Tadyathā. Ōṃ* (Thus. Om)
*Dhara Dhara, Dhiri Dhiri, Dhuru Dhuru* (Sustain us , Sustain us, Sustain us)
*Iṭṭe vitte* (May we have the strength)
*Cale Cale (or Itte cale)* (To move forward, to move forward)
Pracale Pracale (To move forward further, to move further along the path)

*Kusumē, Kusumavare* (Where to pick the fruits [m].)
*Ili Milli Citi jvalam Apanāye. Svāhā.* (Who bring the blazing understanding. Hail!

# Bibliografía

CARILLO, E.: *El Tránsito*

CHENAGTSANG, N.: *Medicina tradicional tibetana y masaje curativo Ku nye*

GREYSON, B.: *Después de la muerte*

HERASO, M. I.: *Viajeros en Tránsito*

KAHN, M.: *Ama todo lo que surja*

KÜBLER-ROSS, E.: *La muerte: un amanecer*

KÜBLER-ROSS, E.: *Sobre el duelo y el dolor*

REQUEJO, A.: *Aceites esenciales en sinergia*

Escuela de Aromaterapia Ana Requejo:
- Curso *Aromaterapia para el Tránsito*
- Curso *Aromaterapia emocional*
- Curso *Aromaterapia espiritual*
- Curso *Hidrolatos en sinergia*

RIMPOCHÉ, S.: *El libro tibetano de la vida y de la muerte*

WWW.ANAREQUEJOAROMATERAPIA.COM

WWW.ANAREQUEJOAROMATERAPIA.COM